Made in the USA
Las Vegas, NV
28 April 2022

48134670R00066